Peter J. Heuser

Land – Stadt – Leute

Bibliografische Information der Deutschen Nationalbibliothek

Die Deutsche Nationalbibliothek verzeichnet diese Publikation
in der Deutschen Nationalbibliografie; detaillierte bibliografische
Daten sind im Internet über http://dnb.d-nb.de abrufbar.

1. Auflage, Januar 2020

Umschlaggestaltung: Ralf Wolf
Layout & Satz: www.autorenservice.net

Herstellung und Verlag:
BoD – Books on Demand, Norderstedt

ISBN 978-3-7504-3334-2

Peter J. Heuser

Land
Stadt
Leute

Gedichte für heute

Peter J. Heuser

geboren 1940 in Bremen
lebte in Köln, Düsseldorf, Frankfurt/M. und Kerkrade/NL
heute lebt er in Aachen
schreibt Prosa und Lyrik
Veröffentlichungen in Zeitungen, Magazinen und Rundfunk
Vier Gedichtbände, siehe ab Seite 137.

Inhalt

1

Sonnenklar

DEIN BUCH

Ich bin dein Buch

schlag mich auf

lass mich erzählen

von stürmischen Tagen

die mich wild blätterten

von Stunden bei Kerzenlicht

wachsbleichen Tränen

die ich in mir bewahre

von dem Rosenblatt

das ich an mich presste

dessen Duft ich noch atme

schlag andere Seiten auf

du wirst verstehen

Mit dem Weckruf erwacht das Licht

erobert die Räume ein goldener Tag

spannt sein Seidentuch

Schatten verkriechen sich

unter die Treppe wo die Katze

ihr graues Fell putzt

der Wind atmet Frische

das Meer ist nicht mehr weit

Flüchtig wie eine kleine Wolke

treibst du umher

lächelst in der Sonne

scherzt mit den Schwestern

umtriebig ziehst du

durch blühende Gärten

hältst dich fern von

schwarzem Gewölk

folgst dem Wind

in luftige Höhe

Reich mir deine Träume übern Gartenzaun

schick tausend Küsse gleich hinterher

tritt nicht in die Beete

die Rosen sind so schön

Schenk mir deine Wünsche

bevor die Nacht vergeht

solange noch unser Stern

am Himmel steht

Ein Stück vom Himmel

greif ich dir

der Rest liegt in der Ferne

Ich sitze im beredten Schweigen

und lasse mich in deine Gedanken fallen

Zeilen von Dir

klingen in mir

Heimat ist – wo Du nicht bist

Du hast den Mond

aus seiner Einsamkeit geküsst

jetzt leuchtet er viel heller

Herzenssache von früh bis spät

Tag und Nacht wohl hundert Jahr

schlägt und pumpt und schlägt es

dreihundert Gramm ein Wunderding

flimmern flattern herzen

Kammerflüstern Augenblicke

Lustgefühle Kussmomente Körperwelten

erträumt ersehnt gewonnen zerronnen

gemalt beschrieben und besungen

gehört uns nicht allein

unsterblich soll sie sein

Sonnenklar scheint der Morgen

aus den Niederungen der Nacht

Licht flutet die Gärten

die Blutpflaume fächert im Wind

Tränen glitzern in den Hecken

ein Vogel steigt ins Blaue auf

Wir füllen die Nacht

mit einer Mütze voll Schlaf

träumen uns in den Sternenhimmel

steigen mit den Vögeln in den Morgen

verspeisen am Frühstückstisch

die neuen Nachrichten

Maria 2.0 entflammt den Vatikan

Queen Greta räumt auf

Donald Duck rettet Entenhausen

und den Rest der Welt

Frühstückszeit

Narzissen golden

durch die Scheiben

dampft der Kaffee

parkst du die Gläser

dudelst mit dem Radio

vor der Spiegelkommode

lächelt der Halbmond

du wolkst mit sanften Tönen

es krümelt das Baguette

winkst den Spatzen

schiebst die Stühle

in den Morgen

Kondensstreifen

an den Himmel gemalt

blickweites Farbenspiel

goldener Schein zieht

durch feuchte Büsche

Schattengestalten fliehen

Bienen Hummeln starten

über Feldern kreisen

schwarze Vogelscharen

Blütenträume von Hand verlesen

die Sonne malt bunte Kringel

in den seidenweichen Himmel

die Amsel lockt Büsche raunen

aus der Höhe vielstimmiger Gesang

durch duftende Korridore

fächert der Wind

Wolkenmaler unterwegs

über den Abendhimmel

leuchtet ein rosa Band

Sonnenlicht flackert

Windräder reihen sich

wie von Geisterhand

formen sich Landschaften

lösen sich in Nebelschwaden auf

weiße Wattewolken segeln

schemenhaft erscheinen

Zwerge und Riesen

Diesen Tag hast du mir geschenkt

drei Pappeln von Elstern besetzt

der milde Schein der Sonne

die Bäume waren sich nicht grün

der Wind trieb uns verlässlich

vor sich her

und was nun fragte ich

geschenkt ist geschenkt

sagtest du und reichtest

mir den Abend

Die Zeit ein Jugendtraum

dein Lächeln eine kleine Flamme

die ich hüten möchte

deine Stimme Musik in meinem Ohr

wenn du gehst geht das Licht mit dir

ein letztes Flackern der Kerze

Der singende Schmied

Kohle glüht die Esse faucht

Funken sprühen rot strahlt

der Stahl wuchtig die Schläge

ins erhitzte Eisen

Spannung steigt

kein Atemholen solange

das Materal schmiedbar

Widerstrebendes wird bezwungen

der Amboss klingt der Schmied singt

Gitterwerke trennen verbinden

Leuchter Ornamente

Madonnenfiguren

Eisen Glut und Muskelkraft

formvollendete Handwerkskunst

Kunstschmiede Carl Wyland, Köln 1957

2

Die Stadt lächelt

Es war einmal

Der Tag die Stadt Sonnenschein
holpriges Pflaster enge Gassen
alte Fassaden raunen
Pferdefuhrwerke rumpelten
Fässer rollten Kutscher fluchten
die Pferde zur Tränke
auf einen Krug in die Schänke
die Turmuhr mahnte Aufbruch
Licht und Schatten wedeln
durch alte Eichen

Aachen ist

Stadt geworden in frühen Jahren

Kelten Römer heiße Quellen

Kaiserfeste Hungerwinter

Feuersbrunst Handwerkskunst

Nadlerfinger feine Tuche

Bombenzeiten Jubeljahre

Printendüfte Thermensterben

Forschertürme Wissenstürme

Reiterspiele Fußballliebe

sucht die Stadt ihr neues Ich

KAISERWETTER

Lieder klingen durch die Gassen

über den geputzten Himmel

schnurrt ein Flugzeug

Die Blumenverkäuferin

dekoriert die Farben des Sommers

nackte Kinderbeine planschen

zum Anfassen der Puppenbrunnen

Mädchen laufen luftig leicht

in kunterbunten Sommerkleidern

vor der Citykirche singt eine Geige

Im Café

Der Kaffee duftet

Gedanken pausieren

die Bedienung klappert

zwischen den Tischen

Nachrichten werden geblättert

wir führen kleine Gespräche

die sich im Raum verlieren

fensterweit unser Blick

auf flanierende Passanten

am Himmel ein wenig Blau

eine kleine Wolke

macht sich davon

Terrassenstund' roter Mund

Feinstaub pudert die Tassen

Straßenlärm ausgeblend't

du verwöhnst dein Gehör

mit angenehmen Klängen

im Eilschritt die Bedienung

eine Bö greift zur Zeitung

ein dürrer Baum

schüttelt sein Haupt

Die Stadt lächelt im milden Licht

Flüsterwind zieht durch die Bäume

Terrassenzeit ist angesagt

die Frau des Teppichlegers

jongliert mit Tellern und Tassen

Jo führt die Hunde der Damen

mit den rot lackierten Fingernägeln aus

aus der Bäckerei springt dich

ein fröhliches Gesicht an

der scheue Apotheker verschwindet

zwischen den Regalen

das Kehrmännchen raschelt durchs Laub

DAS UNGETÜM AUF KAISERS PLATZ

Motoren lärmen Amseln schweigen
die Stadt kreist um den Felsendom
in seinem Schatten schläft der Löwe
mit steinernem Herzen
zu seinen Füßen Gestrandete
Friedrich auf ehernem Sockel
von emsigen Tauben bekleckert
schickt zornige Blicke
zum schillernden Konsumpalast

WILHELMSTRASSE

Busse brausen dieseln giften

Bremsen quietschen Schüler rennen

Wasser spritzt Asphalt schillert

endlos schiebt sich die Blechlawine

Rettung lärmt Blaulicht flackert

der Himmel grollt Tauben schrecken

aus Fassadengrau Antennenohren

die Normaluhr einst Treff

des Widerstandes in dunkler Zeit

hat ihren Platz gewechselt

nahe der Bahn harrt die Bank

des großen Geldes

der Rufer auf dem Sockel

findet kein Gehör

ROSAS SCHOTTERWELT

Versteinerte Gärten

über dichten Matten alles grau

Kiesel Schotter Granulat

selbst Gärtner ohne Freude

an frischem Grün

kein Pflänzlein sprießt

kein Bienlein summt

Schmetterlinge flüchten

pflegeleichte Gartenkultur

Vorgartenbestattung

Alles in Ordnung

Der Herr vom Amt

Mülltonnen quellen über

Wege und Plätze

flattern Zeitungsreste

rollen leere Dosen

Bäume welken

Bettler fallen Passanten an

Kot ziert die Gehwege

zu Bronze erstarrt

das Kehrmännchen

alles in Ordnung

Haltestelle

Die Bahn schnurrt übers Viadukt

flattert ein Vogel

die Straße schattet

von Grün zu Grün

der rotbraune Schweif

ein Eichhörnchen rennt quert

der Bus naht bremst

ein Kind schreit

Glück gehabt

ein Sitzplatz war noch frei

WILDBACH

Im Schatten des Schneebergs
steht noch die Bank
an den Hängen reifen Beeren
aus felsigem Gestein
quillt tröpfelt es aus Sieben Quellen
tritt klares Nass ans Tageslicht
sammelt sich fließt teilt sich
um sich wieder zu vereinen
murmelt gluckst kieselt
zur Freude der Kinder

Diepenbenden

Der See ruht Stille spricht

Wellen treffen sich

zum gemeinsamen Spiel

Enten schnattern Fische kreisen

die Spitzen riesiger Bäume

berühren die Wolken

unter schattigem Himmel

die grüne Terrasse

eine Frau in Rot steigt herab

zum festlich geschmückten Tisch

Du gehst neben mir

siehst den Schatten

der nicht der meine ist

durchquerst den Park

Spiegelbilder lösen sich im Wasser auf

hörst den Dialog der Fische

spürst den Atem des Windes

in den Wipfeln der Bäume

deine Blicke folgen dem Schwan

der durchs gekräuselte Wasser zieht

du sprichst Worte die mir gefallen

DAS KLEINE HAUS AM STRASSENRAND

Scheiben klirrten der Schrank stöhnte

Lärm von Schwerlastern

dralle Engel im goldenen Rahmen

Kinderblicke flüchtige Wolken

Bücher abtauchen ins Abenteuer

nicht abwarten können

erwachsen zu werden

die Zeit verging

das kleine Haus steht nicht mehr

BREMEN KATTENESCH

Wo die hohen Bäume rauschen

ein grüner Pfad zum Deich

führt uns in die Erinnerung

grünbraun treibt die Ochtum

am Steg dümpelt ein rostiger Kahn

kieloben ruhen weitere Boote

Uferwiesen zaunversperrt

Am Wehr zappelten Wollhandkrabben

vor denen wir uns gruselten

Zugewachsen das Gitter

an dem die kleine Schwester turnte

die alte Villa steht nicht mehr

Eichen flüstern unsere Geschichten

Bürgerpark

Der Park rauscht Schatten werden länger
weite Wege kreuzen, leicht fällt es,
sich zu verlaufen

der Duft frisch gemähten Grases
führt uns zum Lyrikpfad:

„Und die Mücklein summen leise
auf ihre helle Weise",

schrieb Paula Modersohn-Becker
vor einhundert Jahren

schnell vergeht das Licht
im Mondschein tanzen Ratten
am Holler See

Nieselnass die Straßen

in grauer Geschäftigkeit

leichenblasse Gesichter

huschen vorbei an

flackernden Fassaden

Musikfetzen lösen sich

aus wehenden Gardinen

Schirmfrauen tanzen

in den Pfützen

Regenbogenfarben

am Straßenrand hebt

ein Hund sein Bein

Langsam löscht die Stadt

ihre vielen Lichter

Sternenschauer Funkenflug

wandert das Auge der Nacht

blaues Licht in leeren Gassen

breitet Stille ihren Mantel aus

Schattentanz im Neonschein

Liebäugeln im Smartphone

Musikfetzen aus der Kneipe

eine Kerze möchtest du anzünden

nachtschwarze Gedanken vertreiben

Nacht in der Stadt

Rotlicht geistert über Häuserzeilen

Mief der Siebziger

in den Auslagen hautfarbig prall

Frischfleisch aus dem Osten

Gäste geben sich die Klinke

in die Hand

mit gequältem Lächeln

tanzen Damen an der Stange

Die Stadt schläft nie

3

Wir reden ins Blaue

Im Frühlicht rückt

der Wald auf uns zu

aus dem Nachtverschweigen

löst sich die Sonne

Bäume schütteln Schatten

Steine perlen Tropfen

Schau aufs Land

wo sich reifende Ähren

sanft im Wind bewegen

der Himmel aufgeräumt

die Sonne ihr Gold

über die Ebene ergießt

Schwalben durch die Luft segeln

Klatschmohn und Kamille

die Ränder schmücken

Superleicht fächert der Wind

am azurblauen Himmel

ziehen Federwolken

Falter Hummeln tummeln

sich im Blütenrausch

Schnecken schleimen

von Schatten zu Schatten

die Spottdrossel flötet

aus luftiger Höhe

Nachmittag im Garten

die Sonne steht schon tief

Worte fallen wie Rosenblätter

auf den leergefegten Kaffeetisch

im Wasserglas zappeln Insekten

eine Libelle zieht ihre Kreise

Falter grüßen aus blühenden Stauden

die Katze verlässt den Schatten

wir fotografieren unsere Lieder

Überall Sonne pur

Heißzeit Eiszeit

regenrar schwitzt das Land

Schlimmbad kopfüber

Wolkenstürme der Tag

hüllte sich in Schwarz

Gewitterschwerter zucken

Donnerschläge dröhnen

kübelweise Wassermassen

Tage am Rursee

Still leuchtet der See

schaut uns mit grüngrauen Augen an

über Berge zieht sich dichter Wald

Schwalben segeln durch den Wind

das weiße Boot zieht seine stille Bahn

Bugwellen lecken am schiefergrauen Gestein

Sommerwind fächert das Blattgrün

die kahle Birke leuchtet

Auf der Terrasse sitzt Du

Auge um Auge mit dem See

spürst einen Hauch von Frische

das Wasser wellt riffelt

malt Schachbrettmuster

Dünengräser zieren das Ufer

ein Spatz sammelt die Reste

des Frühstücks

Viel Wind und noch mehr Meer

silbert schillert und wogt

ewige Unruhe in der Ruhe

Möwen von Aufwinden getragen

die Sonne malt dem Himmel

immer neue Gesichter

das Meer kommt näher

es riecht nach Frische

der kleine Deichhase

knabbert an frischen Trieben

lässt sich fast an den Löffeln greifen

Der Himmel bläst die Sonne frei

Wind tanzt durch die Dünen

Möwen äugen trippeln

erteilen den Dohlen Platzverweis

am Spülrand der See

Wellenschäume Muschelträume

KÜSTENLICHT

Der Morgenhimmel
entfacht ein Wolkenfeuer
Silberflimmern überm Meer
der Wind kämmt den Strandhafer
Brandung rauscht Gischt zischt
Frachtschiffe unterwegs
zwischen Antwerpen und der See
das Wasser zieht sich zurück
gibt seine Geheimnisse preis
ein Muschelteppich wird begehbar

Nah dem Strand am Dünenrand

sandbestäubt die blaue Bank

frei der Blick auf das schimmernde

ewig wogende Meer

Gräser geben sich sturmerfahren

gelbe Sterne sprießen

eine Möwe beäugt uns missmutig

ZOUTELANDE

Glockenschlag zur späten Stunde

aus dem Fenster der Blick

auf die goldenen Zeiger

der Kirchturmuhr

sie weisen uns den Weg durch die Nacht

vor den Restaurants

lodern schon die Freudenfeuer

Hallo Sonntag was hast du uns zu bieten

die Wolkenstores noch fast geschlossen

schaust müde um die Augen aus

die Sonne scheint nur fern

selbst die Vögel schweigen

Regen Regen wer mag sich

im Freien bewegen

Der Tag trägt meine Gedanken

über Sonnenwege

Maisstauden rascheln

Mückentanz im milden Licht

Netzwerker weben Silberfäden

Falter taumeln über Wiesen

das erhabene Gold des Sommers

regnet vom Himmel

BROTZEIT MIT RINDVIEH

Im Rücken der Maiswald
wärmegespeichert
das Pausenbrot auf der Bank
geht der Blick ins Weideland
die Schwarzweißen ziehen
grasen glotzen muhen ruhen
Falter flattern letzte Runden
über brombeerreife Büsche
Herbstwind raschelt

der wald umarmt mobilfunkmasten

windräder versonnen die stadt atmet frische

füchse hasen rascheln im schattigen refugium

weicher humus königsfarn ragen betonrücken

urzeitzähne bemooste unterstände beschussgezeichnet

blindgänger stahlhelme vermoderte knochen

ameisen bauen ihre festung

Wir reden ins Blaue pfeifen durch die Zähne

hören das Rauschen der Donnerhimmel

ängstigt uns nicht auf nackten Sohlen

laufen durch Moosgrün suchen Kastanien

Eicheln und Pilze bewegen uns

bald auf unbekannten Pfaden wechseln

die Richtung queren Lichtungen

Landstraßen Verirrung Verwirrung

die Sonne steht schon tief

wo verflixt verläuft der richtige Weg

bevor Dämmerung uns verschluckt

4

Blicke ins Land

WESPENALARM

Das Haupt gesenkt nagt sie am Fruchtfleisch
rhythmisch pumpt der schwarzgelbe Leib
pausenlos die Fühler in Bewegung
betasten den Untergrund sie höhlt den Apfel
streitet mit den Nachbarinnen
rempelt brummt bedrohlich
vergreift sich am süßen Gebäck
fliegt immer wieder Scheinangriffe
die Armbanduhr das Zeigerspiel
immer wieder versucht die Wespe
den Oktobertag anzuhalten

Nebellicht

Streifenwolken treiben

Apfelwiesen glänzen dampfen

eine letzte Handvoll

trunkener Sonnenschein

ergießt sich reife Früchte fallen

Wespen Falter laben sich

am süßen Most

Schwalben ziehen letzte Schleifen

Blicke ins Land wo der Wind wogt

der Widerschein der Sonne den Himmel färbt

die Spur der Vögel sich in den Wolken verliert

Bäume sich mit Pastellfarben schmücken

buntes Laub den Aufstieg probt

Büsche in Beerenrot schaukeln

abfallendes Licht das Auge trübt

Vögel picken rote Beeren

verfärben sich fallen

zu Brei zertreten vergehen sie

in Pfützen am Rande des Weges

Halme zittern vor Kälte

eine graue Wand verwehrt

den Blick auf Stadt und Tal

Du spürst Schnee auf der Zunge

schaust auf die weiße Rose

sie lächelt erinnert dich

an des Sommers lichte Tage

Wolkenbilder formen

verschwiegene Gestalten

schüchtern wagt die Sonne

ab und an einen Blick

feucht schimmern die Wiesen

in grauen Wipfeln hockt die Stille

Verblasst die Lichter des Sommers
verlassen die Weiden
unter hängenden Wolken suchen
Wintervögel nach Sonnenstrahlen
der kalte Wind verspottet
den Tag – ich messe die Zeit
mit den Schnecken

als ich in deinem buche las

du erinnerer des ostens

aus dem norden zog es dich

tief in den westen

wo du dich fandest gefunkt hat es

„jedem anfang wohnt ein zauber inne"

schrieb hermann hesse

unterwegs warst du im forst

in dem sie einst schlachten schlugen

entlang bemooster höckerlinien

grubst du nach spuren des krieges

in dem wir geboren wurden

der keinen zerschossenen stahlhelm wert

atmest das freie land schöpfst worte

formst verse wider das vergessen

Die Sonne hat den Dienst quittiert

das Land trägt eine feuchte Haut

Stürme stürzen Bäume Bruchholz

die Amsel sucht ihren Liebsten

in der Wolkeneinsamkeit

Der Mann auf dem Dach

Pfannenleger Ziegelrichter

Leiterträger Schornsteinfeger

Gradwanderer Wolkenschieber

Regenrinnenbläser

Vogelscheucher Traumtänzer

Fenstergucker Luftvermesser

ein Mann mit Weitblick

immer auf der Höhe

Dunst fällt durch die Kronen
zögerlich scheinen die Tage
des müde gewordenen Sommers
Halme trüben Rosen vergehen
zum Abschied grüßen Schwalben
von Krähen umlärmt kahle Felder
braunes Laub im Todestanz

Bevor das Licht vergeht
Dämmerung ins Tal fällt
färbt sich der Himmel
sammeln wir Bruchholz
zünden ein Martinsfeuer
schnitzen Kürbisfratzen
tauschen mit den Kindern
Gruselgeschichten

ALTER BAUM

Hast du die Jahre gezählt
die Blätter die du getrieben
die Vögel, die in deinen Zweigen gesungen
die Katzen, die sich
an deinen Stamm geschmiegt
die Paare, die sich
zu deinen Füßen geliebt

Du schweigst
stehst da in voller Schönheit
mit kräftigen Wurzeln
im Erdreich verankert
trotzt du allen Stürmen
und wiegst dich
leise im Atem der Zeit

Im Frühjahr hüllst du

deine Krone in lindes Grün

das sich im Sommer satt einfärbt

Im Herbst trägst du

ein goldenes Dach

und verstreust

nach dem ersten Frost

verschwenderisch dein Laub

Im Winter wachst du einsam

über der schlafenden Natur

REGENTAG

Wieder so ein grauer Morgen
Heute wird kein schöner Tag
Jeder möcht sich Sonne borgen
doch keiner dies vermag

Dunkle Wolken dämpfen
des Tages helles Licht
raue Winde peitschen
mir Nässe ins Gesicht

Kübelweise Flüssigkeit
prasselt hernieder
durchdringende Feuchtigkeit
kriecht mir in die Glieder

Blicke durch beschlagene Scheiben

nur Schatten sind zu sehen

Sturm beugt die jungen Eiben

fegt wie wild durch die Alleen

Autolampen tasten suchend

über glänzenden Asphalt

Menschen suchen fluchend

einen trockenen Aufenthalt

Was uns noch blüht wenn Sonnenblumen
sich zu Tode schaukeln Streiflicht durch
Schleierwolken fällt Vögel für die Abreise
packen der Wind vor Kälte Purzelbäume schlägt
Rosen verduften die Herbstzeitlose sich
ins karge Licht setzt

Niemals verlasse ich den blauen Planeten

weder offene Kanäle noch der gelbe Neid

lassen mich mondwärts ziehen

Ich freue mich wenn Polizisten

gefesselt am Marterpfahl stöhnen

während ehrbare Persönlichkeiten

Bomben bauen Sieg heil wünschen

und Unterkünfte abfackeln lassen

Ich mag meinen Pyjama, wenn er

ohne mich seine Runden dreht

unser Glück sucht Geister beschwört

und neben dem Stadtpissoir

den hohen Dom bepinkelt

frei nach Jan Konneffke, „Gelber Magnet"

5

Dem Himmel graut's

Frag dich wo die Blumen sind

Mädchen pflückten sie geschwind

jetzt weht nur noch Schotterwind

frag dich wo die Bienen sind

der Duft von blühenden Wiesen

frag dich wo die Falter sind

die durch die Gärten zogen

frag dich wo die Liebe ist

wo ist sie geblieben

die Antwort mein Kind

kennt nur der Wind

Immer wieder freitags die Jugend spricht:

Ihr Umweltvergifter

höret den Aufschrei der Natur

Polkappen schmelzen Meere übergeben sich

die Luft stickt der Himmel erschrickt

Götter senden zornige Blitze

Engel tragen schwarze Gewänder

Was habt Ihr angerichtet ?

Darf's ein bisschen mehr sein

das Rahmbonbon vom Krämer

die Scheibe Wurst vom armen Schwein

Elektrosmog etwas mehr

Elektronikschrott für die Welt

Plastikmüll für die Meere

Kloake aufs leidende Land

Billigflüge ins Vergnügen

ein wenig mehr Liebe

ein Lächeln gratis

Hambacher Forst

Noch steht der Wald
im Morgengrauen wird Holz gemacht
graben sie tief ins Gesicht
braunes Gold der alten Erde
vernichtet Lebensräume / Träume
im Hochwald wächst der Widerstand
wem gehört der Forst
in der Ferne brennt die Luft

Wo sich drei Länder treffen

strecken Mobilfunkmasten ihre Lauscher

vom höchsten Punkt unbegrenzter Blick

wogende Wälder Wiesen und Weiden

Pferde und Rinder Vögel dreisprachig

der Krieg längst vergessen

Drachenzähne Bunkerreste

im Buschwerk verdeckt

mit Moos bedeckt erinnern sich

DER WELTGEIST LÄRMT

Schallweit das Geläut
gestört der Feldfrieden
Ameisen und Laubfrösche
hüllen sich in Schatten
im Abendschein sitzt
der Poet sinniert über
die irre Zeit

Verschwiegenes Gelände

Flugscharen ziehen es öffnet
sich die Brust der Erde
Steine Kegel Urzeitknochen
Münzen zerbrochene Waffen
gräbst du tief
Gerippe von Soldaten
unseliger Kriege

ZWISCHEN BEICHTSTUHL UND SAKRISTEI

Weihrauchschwaden Orgelklänge

Chorknabenwunderland

unter geweihten Talaren

fleischfarbene Phantasie

Klosterbrüder Lustgewinn

lasst die Kinder frei -wild

nach jedem Skandal

ein Keuschgesicht

MEIN EID

können wir beschwören

dass die politik der wirtschaft diene

wer macht hat der macht

das große geld zu lasten

der beladenen und der segen

kommt von oben

wollen wir beschwören

wer auch immer uns helfen möge

Wenn nicht jetzt, wann dann

Proben wir schon mal

den Weltuntergang

auf die Zähne gebissen blutige Zungen

es ist die Zeit des Drachens

vom Himmel die Botschaft

Nadelstiche raketenweit

der Krieger mit dem goldenen Helm

trägt die Streitaxt im Munde

dunkles Gewölk zieht auf

Höllenhunde heulen

Das Land stürzte in Abgründe
schauten sie ihr Lächeln wich
dem Entsetzen Trümmerlandschaften
im löchrigen Schuhwerk über
ausgedörrte Wege Angst Hunger
Durst tausendfach im Gepäck
vermintes Gelände Knüppel
der Staatsmacht Verzweiflung
Müdigkeit Hoffnung treibt sie
über mit Blut gezogene Grenzen

Tag um Tag stürmen

Botschaften aus anderen Welten

in unser Haus entziehen sich

dem Denken Tränen machen halt

vor unserer Tür durch die wir

doch sorglos schreiten wollten

Das Maß ist voll der Stillstand rast

Augen schmerzen Ohren verrohen

ein Übermaß an Terror Angst Not

die große Flucht der nasse Tod

Machthaber Rechthaber

es ist die Zeit der Gestrigen

DEM HIMMEL GRAUT'S

Menschen haben fehl getan
die Luft hält den Atem an
vor Schmerzen krümmt
sich der blaue Planet
der letzte Mensch trommelt
siegesbewusst seine Brust

ALLES WERDE GUT

tönen die Gazetten

nichts wird gut

Luftschlösser zerstieben

drohende Wolken steigen auf

die Zeit saugt die Stille

unserer Gedanken auf

wir rücken zusammen

spüren die Wärme

unserer Wünsche

Es ist spät

der Himmel zürnt

Sterne fixieren

die geduldige Erde

hält den Atem an

es bebt an den Rändern

Stürme rasen

Fluten fluten

die Angst hüllt

sich in Schweigen

Vergesst auch nicht in seinem Stiefel

das von vielen bezeugte Loch,

das Zeichen der Armut.

Bertolt Brecht (1935)

6

Landschaft sind wir

LANDSCHAFT SIND WIR

Sonnenerwachen aus Nebelgrau

Vögel im Wolkensturm

Grenzgänger Sucher Rufer

oder die Baumwurzel

wo alles seinen Anfang nahm

ein Lächeln der Rehe

im fernen Grund

der Ruf der Eule

wenn das Licht vergeht

Schreiber bist du oder Denker

das Werk oder nur der Plan

bist du noch Gewinner

oder hast du schon verloren

undurchschaubar scheinst du

führst du was im Schilde

strahlst du Fröhlichkeit

oder hüllst dich in Trübsal

bist du Dichter Träumer

Himmelsstürmer oder

nur ein Poet der im

Verborgenen blüht

Ein Gefühl hält dich gefangen

etwas stellt sich dir in den Weg

warnt vor unwegsamem Gelände

schiebt dir Dinge vor die Nase

die du längst vergessen hast

sperrt dich in ein dämmeriges Verlies

blättert in alten Alben

zur Versöhnung erinnert es

an Glücksmomente

Der Himmel ist offen

die Sterne stehen Spalier

Erdenläufer Weltraumträumer

zu kurz die Leiter

dem Aufzug geht die Luft aus

kein Platz frei in der Rakete

auf nächtlichen Schwingen

zu den Gestirnen

der Mond lächelt weise

Der Abend ist verflogen

die Nacht hat uns erreicht

Sterne blinken munter

mit stiller Sprache

zieht der Mond

um unser Haus

Ein farbiger Herbsttag

Federwolken trieben

als ihn die Engel holten

den Judenjungen dem

sie die Schule versagten

die Mutter zu Tode spritzten

Großmutter verschleppten

in einer Futterkrippe wurde er

vor den Schergen versteckt

in Klöstern verborgen

versprach alles aufzuschreiben

schrieb es sich von der Seele

bevor er nach Nirwana aufbrach

Zur Erinnerung an Helmut Clahsen
1931 – 2015
schrieb seine Erinnerungen:
„Mama, was ist ein Judenbalg?"

Zeitzeichen

Die Zeit eilte Stunden Tage

Wochen Jahre vergingen

sie eilte ihren Wünschen hinterher

die Uhr tickte das Herz pochte

die Zeit graute die Haut zeigte Spuren

irgendwann ging die Erinnerung verloren

im nahen Wäldchen hockte sie am Bach

murmelte spielte mit den Kieseln

ODE AN NERUDA

Entreiße ihn aus dem Vergessen

höre seine Worte

lasse sie schallen klingen fließen

schreite mit ihm durch

das blutende Gold des Morgens

lausche dem Gesang des Meeres

der Sprache des Windes

der über das freie Land streicht

folge dem Flug des Kondors

über den Kordilleren

Pablo Neruda

1904 – 1983

chilenischer Dichter und Politiker

Es lüftet sich der Nebel der Vergangenheit
Gedanken stürzen herab wie Steine
leuchtende Farben des Himmels
wickeln sich um das Wolkengebilde
der einsame Dichter sinniert auf einem Felsen
bis ihn die Lampen der nahenden Nacht
zum Aufbruch mahnen

Der Weg zum Bahnhof

die Tasche voller Erwartungen

das Rot der Ampeln

stoppt die Eile der Passanten

Stimmengewirr und Durchsagen

ein unverständliches Gemisch

mein Wunsch nach Stille

der Mann mit der roten Kappe

zuckt die Achseln

Vorsicht an der Bahnsteigkante

die Gleise singen zum Abschied

Du läufst durch die Halle

überall rollende Koffer

Unruhe in vielen Blicken

auf dem Rollfeld abfliegende

ankommende Flugzeuge

frischgebrühter Kaffee duftet

suchst einen freien Platz

Sie nimmt neben dir Platz

schaut nicht auf

vertieft sich in ein Buch

du beobachtest ihre weichen Konturen

manchmal zieht ein Lächeln

um ihre Lippen was mag sie erfreuen

du räusperst dich sie reagiert nicht

plötzlich spürst du die Wärme ihrer Hand

dann steht sie auf geht grußlos davon

EINTRITTSKARTE

Die Halle lärmt

Gedränge die besten Plätze

die Show das Goldkehlchen jubiliert

setzt an zum Höhenflug

alles wiegt sich alles singt

die Band trommelt geigt

bläst taubt dir das Gehör

letzter Applaus schiebt

dich aus dem Saal

bleibt ein Lächeln

das Ticket zerschnipselt

oder Lesezeichen

Mitgliederversammlung der Saal gähnt Leere

die Fliege an der Decke zur Tagesordnung

was geht dir nicht alles durch den Kopf

Verkehr lärmt gegen das Fenster

es folgt noch ein Pflichtbeitrag

Applaus stört dein Sinnen Vögel ziehen

du denkst an morgen wird sie anrufen

den Wänden würde frische Farbe guttun

Stimmen aus dem Off

plötzlich Aufregung was ist passiert ?

Die Sonne wurde jüngst entführt

der Wind ist hinter den Falschen her

ratlos schaut der Mond durch die Gassen

Sternschnuppen sammeln Lösegeld

Bäume raunen von neuer Dimension

Erkenntnisse versickern in den Kanälen

die Täter flüchten ins Wolkengrau

TELE CRIMINALE

Die Jagd nach gnadenloser Jugend

Knallerfrauen erobern die Herzen im Sturm

der Tod des Weihnachtsmannes

Spätschicht der tausend Lichter

große Oper ohne dich

wer will zahnlos ins Gras beißen

die Flut war pünktlich

mörderische Gezeiten

der Lord und das wilde Schaf

Sturm auf Streife keine Gnade

für den Tod am Abgrund

der verhängnisvolle Moment

unsichtbare Feinde nageln

dein Herz an die Wand

Ohne Krimi geht die Mimi

nie ins Bett *

* Hit des deutsch-amerikanischen Jazz- und
Schlagersängers Bill Ramsey

Die Stille des Winters perlt
auf bleichen Halmen
weiße Pracht ziert die Höhen
Eiseskälte kriecht in den Boden
verschnupfte Nasen wärmende Schals
werden täglich ausgeführt
das Thermometer steigt schon mal
über die Dächer um nach dem Frühling
Ausschau zu halten

Versponnener Tag

unter zerzausten Wolkenkissen

spinnen Spinnen Silberfäden

Moose ziehen über kalte Steine

glasige Perlen tröpfeln

Tränen verweinter Himmelstage

auf feuchtblättrigen Pfaden

umrunden wir den trüben Weiher

Die Sonne steht Kopf
Frau Luna drückt ein Auge zu
der Wind rüttelt an
unserer Befindlichkeit
Bäume reden sich Mut zu

Der Himmel ist klar
rund der Mond
die Luft kalt
sternenweit
stille Zeit

DAS ZEITFENSTER GESCHLOSSEN

Wind klopft an die Läden
die Vergänglichkeit hat schon
Jahre verschlungen
Kerzenlicht fällt in die Stube
verstaubte Bücher schütteln
ihre Weisheiten aus den Seiten
Blatt für Blatt öffnet sich
eine andere Sicht

Lass sie gehen – die Zeit

Ihre Zeit hat sie vollbracht

uns in der Nacht bewacht

mit ihr eilten wir

durch die Tage trieb sie uns

viel hat sie gefordert

mehr noch gegeben

Lass sie gehen – die Zeit

schau drüben – ein Kind

hält sie fest in den Händen

Verzeichnis aller Gedichte

1 | Sonnenklar

2 | Die Stadt lächelt

3 | Wir reden ins Blaue

4 | Blicke ins Land

5 | Dem Himmel graut's

6 | Landschaft sind wir

Peter J. Heuser

»Wellenschlag – Flügelrauschen«

Meerische Gedichte

Verlag BoD, Norderstedt 2017, 100 S., TB

ISBN 978-3-7448-1696-0

Peter J. Heuser
Peter J. Heuser
»Zeit für ... Gedichte«

Peter J. Heuser
»Zeit für ... Gedichte«
CreateSpace 2015, 158 S., TB
Printed in Germany
ISBN 978-1-5172-4797-3
Erhältlich bei www.amazon.de

Peter J. Heuser

ZEIT WEISE SICHT

WEISE SICHT ZEIT

SICHT ZEIT WEISE

GEDICHTE

Verlag Mainz

Peter J. Heuser

»ZEITWEISE SICHT, WEISE SICHT ZEIT,

SICHT ZEIT WEISE«

Gedichte

Verlag Mainz, Aachen 2013, 98 S., TB

ISBN 978-3-8107-0166-4

BLICKSINNIG

sta( )t liebe me( )r

Gedichte
Peter J. Heuser

Peter J. Heuser

»BLICKSINNIG – sta(d)tt liebe me(e)hr«

Gedichte

Verlag Mainz, Aachen 2011, 94 S., TB

ISBN 978-3-8107-0112-1